WEEKLY HABIT TRACKER

M	T	W	T	F	S	S

HIGHLIGHT THIS WEEK

TO IMPROVE NEXT WEEK

DATE

PRIORITIES

MY MOTIVATION

Notes

I AM GREATFUL FOR...

WEEKLY HABIT TRACKER

M	T	W	T	F	S	S

HIGHLIGHT THIS WEEK

TO IMPROVE NEXT WEEK

NOTES

MONTH

Monday	Tuesday	Wednesday	Thursday	Friday	Saturday	Sunday

IMPORTANT DATES

MONTHLY HABIT TRACKER

	1	2	3	4	5	6	7	8	9	10	11	12	13	14	15	16
	17	18	19	20	21	22	23	24	25	26	27	28	29	30	31	
	1	2	3	4	5	6	7	8	9	10	11	12	13	14	15	16
	17	18	19	20	21	22	23	24	25	26	27	28	29	30	31	
	1	2	3	4	5	6	7	8	9	10	11	12	13	14	15	16
	17	18	19	20	21	22	23	24	25	26	27	28	29	30	31	
	1	2	3	4	5	6	7	8	9	10	11	12	13	14	15	16
	17	18	19	20	21	22	23	24	25	26	27	28	29	30	31	
	1	2	3	4	5	6	7	8	9	10	11	12	13	14	15	16
	17	18	19	20	21	22	23	24	25	26	27	28	29	30	31	
	1	2	3	4	5	6	7	8	9	10	11	12	13	14	15	16
	17	18	19	20	21	22	23	24	25	26	27	28	29	30	31	
	1	2	3	4	5	6	7	8	9	10	11	12	13	14	15	16
	17	18	19	20	21	22	23	24	25	26	27	28	29	30	31	
	1	2	3	4	5	6	7	8	9	10	11	12	13	14	15	16
	17	18	19	20	21	22	23	24	25	26	27	28	29	30	31	

DATE

PRIORITIES

MY MOTIVATION

Notes

I AM GREATFUL FOR...

WEEKLY HABIT TRACKER

M	T	W	T	F	S	S

HIGHLIGHT THIS WEEK

TO IMPROVE NEXT WEEK

DATE

PRIORITIES

MY MOTIVATION

Notes

I AM GREATFUL FOR...

WEEKLY HABIT TRACKER

M	T	W	T	F	S	S

HIGHLIGHT THIS WEEK

TO IMPROVE NEXT WEEK

DATE

PRIORITIES

MY MOTIVATION

Notes

I AM GREATFUL FOR...

WEEKLY HABIT TRACKER

	M	T	W	T	F	S	S

HIGHLIGHT THIS WEEK

TO IMPROVE NEXT WEEK

DATE

PRIORITIES

MY MOTIVATION

Notes

I AM GREATFUL FOR...

WEEKLY HABIT TRACKER

M	T	W	T	F	S	S

HIGHLIGHT THIS WEEK

TO IMPROVE NEXT WEEK

NOTES

MONTH

Monday	Tuesday	Wednesday	Thursday	Friday	Saturday	Sunday

IMPORTANT DATES

MONTHLY HABIT TRACKER

1	2	3	4	5	6	7	8	9	10	11	12	13	14	15	16
17	18	19	20	21	22	23	24	25	26	27	28	29	30	31	
1	2	3	4	5	6	7	8	9	10	11	12	13	14	15	16
17	18	19	20	21	22	23	24	25	26	27	28	29	30	31	
1	2	3	4	5	6	7	8	9	10	11	12	13	14	15	16
17	18	19	20	21	22	23	24	25	26	27	28	29	30	31	
1	2	3	4	5	6	7	8	9	10	11	12	13	14	15	16
17	18	19	20	21	22	23	24	25	26	27	28	29	30	31	
1	2	3	4	5	6	7	8	9	10	11	12	13	14	15	16
17	18	19	20	21	22	23	24	25	26	27	28	29	30	31	
1	2	3	4	5	6	7	8	9	10	11	12	13	14	15	16
17	18	19	20	21	22	23	24	25	26	27	28	29	30	31	
1	2	3	4	5	6	7	8	9	10	11	12	13	14	15	16
17	18	19	20	21	22	23	24	25	26	27	28	29	30	31	
1	2	3	4	5	6	7	8	9	10	11	12	13	14	15	16
17	18	19	20	21	22	23	24	25	26	27	28	29	30	31	

DATE

PRIORITIES

MY MOTIVATION

Notes

I AM GREATFUL FOR...

WEEKLY HABIT TRACKER

M	T	W	T	F	S	S

HIGHLIGHT THIS WEEK

TO IMPROVE NEXT WEEK

DATE

PRIORITIES

MY MOTIVATION

Notes

I AM GREATFUL FOR...

WEEKLY HABIT TRACKER

M	T	W	T	F	S	S

HIGHLIGHT THIS WEEK

TO IMPROVE NEXT WEEK

DATE

PRIORITIES

MY MOTIVATION

Notes

I AM GREATFUL FOR...

WEEKLY HABIT TRACKER

M	T	W	T	F	S	S

HIGHLIGHT THIS WEEK

TO IMPROVE NEXT WEEK

DATE:

PRIORITIES

MY MOTIVATION

Notes

I AM GREATFUL FOR...

WEEKLY HABIT TRACKER

M	T	W	T	F	S	S

HIGHLIGHT THIS WEEK

TO IMPROVE NEXT WEEK

NOTES

MONTH

Monday	Tuesday	Wednesday	Thursday	Friday	Saturday	Sunday

IMPORTANT DATES

MONTHLY HABIT TRACKER

1	2	3	4	5	6	7	8	9	10	11	12	13	14	15	16
17	18	19	20	21	22	23	24	25	26	27	28	29	30	31	
1	2	3	4	5	6	7	8	9	10	11	12	13	14	15	16
17	18	19	20	21	22	23	24	25	26	27	28	29	30	31	
1	2	3	4	5	6	7	8	9	10	11	12	13	14	15	16
17	18	19	20	21	22	23	24	25	26	27	28	29	30	31	
1	2	3	4	5	6	7	8	9	10	11	12	13	14	15	16
17	18	19	20	21	22	23	24	25	26	27	28	29	30	31	
1	2	3	4	5	6	7	8	9	10	11	12	13	14	15	16
17	18	19	20	21	22	23	24	25	26	27	28	29	30	31	
1	2	3	4	5	6	7	8	9	10	11	12	13	14	15	16
17	18	19	20	21	22	23	24	25	26	27	28	29	30	31	
1	2	3	4	5	6	7	8	9	10	11	12	13	14	15	16
17	18	19	20	21	22	23	24	25	26	27	28	29	30	31	
1	2	3	4	5	6	7	8	9	10	11	12	13	14	15	16
17	18	19	20	21	22	23	24	25	26	27	28	29	30	31	

DATE

PRIORITIES

MY MOTIVATION

Notes

I AM GREATFUL FOR...

WEEKLY HABIT TRACKER

M	T	W	T	F	S	S

HIGHLIGHT THIS WEEK

TO IMPROVE NEXT WEEK

DATE

PRIORITIES

MY MOTIVATION

Notes

I AM GREATFUL FOR...

WEEKLY HABIT TRACKER

M	T	W	T	F	S	S

HIGHLIGHT THIS WEEK

TO IMPROVE NEXT WEEK

DATE

PRIORITIES

MY MOTIVATION

Notes

I AM GREATFUL FOR...

WEEKLY HABIT TRACKER

M	T	W	T	F	S	S

HIGHLIGHT THIS WEEK

TO IMPROVE NEXT WEEK

DATE

PRIORITIES

MY MOTIVATION

Notes

I AM GREATFUL FOR...

WEEKLY HABIT TRACKER

M	T	W	T	F	S	S

HIGHLIGHT THIS WEEK

TO IMPROVE NEXT WEEK

NOTES

MONTH

Monday	Tuesday	Wednesday	Thursday	Friday	Saturday	Sunday

IMPORTANT DATES

MONTHLY HABIT TRACKER

1	2	3	4	5	6	7	8	9	10	11	12	13	14	15	16
17	18	19	20	21	22	23	24	25	26	27	28	29	30	31	
1	2	3	4	5	6	7	8	9	10	11	12	13	14	15	16
17	18	19	20	21	22	23	24	25	26	27	28	29	30	31	
1	2	3	4	5	6	7	8	9	10	11	12	13	14	15	16
17	18	19	20	21	22	23	24	25	26	27	28	29	30	31	
1	2	3	4	5	6	7	8	9	10	11	12	13	14	15	16
17	18	19	20	21	22	23	24	25	26	27	28	29	30	31	
1	2	3	4	5	6	7	8	9	10	11	12	13	14	15	16
17	18	19	20	21	22	23	24	25	26	27	28	29	30	31	
1	2	3	4	5	6	7	8	9	10	11	12	13	14	15	16
17	18	19	20	21	22	23	24	25	26	27	28	29	30	31	
1	2	3	4	5	6	7	8	9	10	11	12	13	14	15	16
17	18	19	20	21	22	23	24	25	26	27	28	29	30	31	
1	2	3	4	5	6	7	8	9	10	11	12	13	14	15	16
17	18	19	20	21	22	23	24	25	26	27	28	29	30	31	

DATE

PRIORITIES

MY MOTIVATION

Notes

I AM GREATFUL FOR...

WEEKLY HABIT TRACKER

M	T	W	T	F	S	S

HIGHLIGHT THIS WEEK

TO IMPROVE NEXT WEEK

DATE

PRIORITIES

MY MOTIVATION

Notes

I AM GREATFUL FOR...

WEEKLY HABIT TRACKER

M	T	W	T	F	S	S

HIGHLIGHT THIS WEEK

TO IMPROVE NEXT WEEK

DATE

PRIORITIES

MY MOTIVATION

Notes

I AM GREATFUL FOR...

WEEKLY HABIT TRACKER

M	T	W	T	F	S	S

HIGHLIGHT THIS WEEK

TO IMPROVE NEXT WEEK

DATE

PRIORITIES

MY MOTIVATION

Notes

I AM GREATFUL FOR...

WEEKLY HABIT TRACKER

M	T	W	T	F	S	S

HIGHLIGHT THIS WEEK

TO IMPROVE NEXT WEEK

NOTES

MONTH

Monday	Tuesday	Wednesday	Thursday	Friday	Saturday	Sunday

IMPORTANT DATES

MONTHLY HABIT TRACKER

____	1	2	3	4	5	6	7	8	9	10	11	12	13	14	15	16
____	17	18	19	20	21	22	23	24	25	26	27	28	29	30	31	
____	1	2	3	4	5	6	7	8	9	10	11	12	13	14	15	16
____	17	18	19	20	21	22	23	24	25	26	27	28	29	30	31	
____	1	2	3	4	5	6	7	8	9	10	11	12	13	14	15	16
____	17	18	19	20	21	22	23	24	25	26	27	28	29	30	31	
____	1	2	3	4	5	6	7	8	9	10	11	12	13	14	15	16
____	17	18	19	20	21	22	23	24	25	26	27	28	29	30	31	
____	1	2	3	4	5	6	7	8	9	10	11	12	13	14	15	16
____	17	18	19	20	21	22	23	24	25	26	27	28	29	30	31	
____	1	2	3	4	5	6	7	8	9	10	11	12	13	14	15	16
____	17	18	19	20	21	22	23	24	25	26	27	28	29	30	31	
____	1	2	3	4	5	6	7	8	9	10	11	12	13	14	15	16
____	17	18	19	20	21	22	23	24	25	26	27	28	29	30	31	
____	1	2	3	4	5	6	7	8	9	10	11	12	13	14	15	16
____	17	18	19	20	21	22	23	24	25	26	27	28	29	30	31	

DATE

PRIORITIES

MY MOTIVATION

Notes

I AM GREATFUL FOR...

WEEKLY HABIT TRACKER

	M	T	W	T	F	S	S

HIGHLIGHT THIS WEEK

TO IMPROVE NEXT WEEK

DATE

PRIORITIES

MY MOTIVATION

Notes

I AM GREATFUL FOR...

WEEKLY HABIT TRACKER

M	T	W	T	F	S	S

HIGHLIGHT THIS WEEK

TO IMPROVE NEXT WEEK

DATE

PRIORITIES

MY MOTIVATION

Notes

I AM GREATFUL FOR...

WEEKLY HABIT TRACKER

M	T	W	T	F	S	S

HIGHLIGHT THIS WEEK

TO IMPROVE NEXT WEEK

DATE

PRIORITIES

MY MOTIVATION

Notes

I AM GREATFUL FOR...

WEEKLY HABIT TRACKER

M	T	W	T	F	S	S

HIGHLIGHT THIS WEEK

TO IMPROVE NEXT WEEK

NOTES

MONTH

Monday	Tuesday	Wednesday	Thursday	Friday	Saturday	Sunday

IMPORTANT DATES

MONTHLY HABIT TRACKER

1	2	3	4	5	6	7	8	9	10	11	12	13	14	15	16
17	18	19	20	21	22	23	24	25	26	27	28	29	30	31	
1	2	3	4	5	6	7	8	9	10	11	12	13	14	15	16
17	18	19	20	21	22	23	24	25	26	27	28	29	30	31	
1	2	3	4	5	6	7	8	9	10	11	12	13	14	15	16
17	18	19	20	21	22	23	24	25	26	27	28	29	30	31	
1	2	3	4	5	6	7	8	9	10	11	12	13	14	15	16
17	18	19	20	21	22	23	24	25	26	27	28	29	30	31	
1	2	3	4	5	6	7	8	9	10	11	12	13	14	15	16
17	18	19	20	21	22	23	24	25	26	27	28	29	30	31	
1	2	3	4	5	6	7	8	9	10	11	12	13	14	15	16
17	18	19	20	21	22	23	24	25	26	27	28	29	30	31	
1	2	3	4	5	6	7	8	9	10	11	12	13	14	15	16
17	18	19	20	21	22	23	24	25	26	27	28	29	30	31	
1	2	3	4	5	6	7	8	9	10	11	12	13	14	15	16
17	18	19	20	21	22	23	24	25	26	27	28	29	30	31	

DATE

PRIORITIES

MY MOTIVATION

Notes

I AM GREATFUL FOR...

WEEKLY HABIT TRACKER

M	T	W	T	F	S	S

HIGHLIGHT THIS WEEK

TO IMPROVE NEXT WEEK

DATE

PRIORITIES

MY MOTIVATION

Notes

I AM GREATFUL FOR...

WEEKLY HABIT TRACKER

M	T	W	T	F	S	S

HIGHLIGHT THIS WEEK

TO IMPROVE NEXT WEEK

DATE

PRIORITIES

MY MOTIVATION

Notes

I AM GREATFUL FOR...

WEEKLY HABIT TRACKER

M	T	W	T	F	S	S

HIGHLIGHT THIS WEEK

TO IMPROVE NEXT WEEK

DATE

PRIORITIES

MY MOTIVATION

Notes

I AM GREATFUL FOR...

WEEKLY HABIT TRACKER

M	T	W	T	F	S	S

HIGHLIGHT THIS WEEK

TO IMPROVE NEXT WEEK

NOTES

MONTH

Monday	Tuesday	Wednesday	Thursday	Friday	Saturday	Sunday

IMPORTANT DATES

MONTHLY HABIT TRACKER

1	2	3	4	5	6	7	8	9	10	11	12	13	14	15	16
17	18	19	20	21	22	23	24	25	26	27	28	29	30	31	
1	2	3	4	5	6	7	8	9	10	11	12	13	14	15	16
17	18	19	20	21	22	23	24	25	26	27	28	29	30	31	
1	2	3	4	5	6	7	8	9	10	11	12	13	14	15	16
17	18	19	20	21	22	23	24	25	26	27	28	29	30	31	
1	2	3	4	5	6	7	8	9	10	11	12	13	14	15	16
17	18	19	20	21	22	23	24	25	26	27	28	29	30	31	
1	2	3	4	5	6	7	8	9	10	11	12	13	14	15	16
17	18	19	20	21	22	23	24	25	26	27	28	29	30	31	
1	2	3	4	5	6	7	8	9	10	11	12	13	14	15	16
17	18	19	20	21	22	23	24	25	26	27	28	29	30	31	
1	2	3	4	5	6	7	8	9	10	11	12	13	14	15	16
17	18	19	20	21	22	23	24	25	26	27	28	29	30	31	
1	2	3	4	5	6	7	8	9	10	11	12	13	14	15	16
17	18	19	20	21	22	23	24	25	26	27	28	29	30	31	

DATE

PRIORITIES

MY MOTIVATION

Notes

I AM GREATFUL FOR...

WEEKLY HABIT TRACKER

M	T	W	T	F	S	S

HIGHLIGHT THIS WEEK

TO IMPROVE NEXT WEEK

DATE

PRIORITIES

MY MOTIVATION

Notes

I AM GREATFUL FOR...

WEEKLY HABIT TRACKER

M	T	W	T	F	S	S

HIGHLIGHT THIS WEEK

TO IMPROVE NEXT WEEK

DATE

PRIORITIES

MY MOTIVATION

Notes

I AM GREATFUL FOR...

WEEKLY HABIT TRACKER

M	T	W	T	F	S	S

HIGHLIGHT THIS WEEK

TO IMPROVE NEXT WEEK

DATE

PRIORITIES

MY MOTIVATION

Notes

I AM GREATFUL FOR...

WEEKLY HABIT TRACKER

M	T	W	T	F	S	S

HIGHLIGHT THIS WEEK

TO IMPROVE NEXT WEEK

NOTES

MONTH

Monday	Tuesday	Wednesday	Thursday	Friday	Saturday	Sunday

IMPORTANT DATES

MONTHLY HABIT TRACKER

1	2	3	4	5	6	7	8	9	10	11	12	13	14	15	16
17	18	19	20	21	22	23	24	25	26	27	28	29	30	31	
1	2	3	4	5	6	7	8	9	10	11	12	13	14	15	16
17	18	19	20	21	22	23	24	25	26	27	28	29	30	31	
1	2	3	4	5	6	7	8	9	10	11	12	13	14	15	16
17	18	19	20	21	22	23	24	25	26	27	28	29	30	31	
1	2	3	4	5	6	7	8	9	10	11	12	13	14	15	16
17	18	19	20	21	22	23	24	25	26	27	28	29	30	31	
1	2	3	4	5	6	7	8	9	10	11	12	13	14	15	16
17	18	19	20	21	22	23	24	25	26	27	28	29	30	31	
1	2	3	4	5	6	7	8	9	10	11	12	13	14	15	16
17	18	19	20	21	22	23	24	25	26	27	28	29	30	31	
1	2	3	4	5	6	7	8	9	10	11	12	13	14	15	16
17	18	19	20	21	22	23	24	25	26	27	28	29	30	31	
1	2	3	4	5	6	7	8	9	10	11	12	13	14	15	16
17	18	19	20	21	22	23	24	25	26	27	28	29	30	31	

DATE

PRIORITIES

MY MOTIVATION

Notes

I AM GREATFUL FOR...

WEEKLY HABIT TRACKER

M	T	W	T	F	S	S

HIGHLIGHT THIS WEEK

TO IMPROVE NEXT WEEK

DATE

PRIORITIES

MY MOTIVATION

Notes

I AM GREATFUL FOR...

WEEKLY HABIT TRACKER

M	T	W	T	F	S	S

HIGHLIGHT THIS WEEK

TO IMPROVE NEXT WEEK

DATE

PRIORITIES

MY MOTIVATION

Notes

I AM GREATFUL FOR...

WEEKLY HABIT TRACKER

M	T	W	T	F	S	S

HIGHLIGHT THIS WEEK

TO IMPROVE NEXT WEEK

DATE

PRIORITIES

MY MOTIVATION

Notes

I AM GREATFUL FOR...

WEEKLY HABIT TRACKER

M	T	W	T	F	S	S

HIGHLIGHT THIS WEEK

TO IMPROVE NEXT WEEK

NOTES

MONTH

Monday	Tuesday	Wednesday	Thursday	Friday	Saturday	Sunday

IMPORTANT DATES

MONTHLY HABIT TRACKER

1	2	3	4	5	6	7	8	9	10	11	12	13	14	15	16
17	18	19	20	21	22	23	24	25	26	27	28	29	30	31	
1	2	3	4	5	6	7	8	9	10	11	12	13	14	15	16
17	18	19	20	21	22	23	24	25	26	27	28	29	30	31	
1	2	3	4	5	6	7	8	9	10	11	12	13	14	15	16
17	18	19	20	21	22	23	24	25	26	27	28	29	30	31	
1	2	3	4	5	6	7	8	9	10	11	12	13	14	15	16
17	18	19	20	21	22	23	24	25	26	27	28	29	30	31	
1	2	3	4	5	6	7	8	9	10	11	12	13	14	15	16
17	18	19	20	21	22	23	24	25	26	27	28	29	30	31	
1	2	3	4	5	6	7	8	9	10	11	12	13	14	15	16
17	18	19	20	21	22	23	24	25	26	27	28	29	30	31	
1	2	3	4	5	6	7	8	9	10	11	12	13	14	15	16
17	18	19	20	21	22	23	24	25	26	27	28	29	30	31	
1	2	3	4	5	6	7	8	9	10	11	12	13	14	15	16
17	18	19	20	21	22	23	24	25	26	27	28	29	30	31	

DATE

PRIORITIES

MY MOTIVATION

Notes

I AM GREATFUL FOR...

WEEKLY HABIT TRACKER

M	T	W	T	F	S	S

HIGHLIGHT THIS WEEK

TO IMPROVE NEXT WEEK

DATE

PRIORITIES

MY MOTIVATION

Notes

I AM GREATFUL FOR...

WEEKLY HABIT TRACKER

M	T	W	T	F	S	S

HIGHLIGHT THIS WEEK

TO IMPROVE NEXT WEEK

DATE

PRIORITIES

MY MOTIVATION

Notes

I AM GREATFUL FOR...

WEEKLY HABIT TRACKER

M	T	W	T	F	S	S

HIGHLIGHT THIS WEEK

TO IMPROVE NEXT WEEK

DATE

PRIORITIES

MY MOTIVATION

Notes

I AM GREATFUL FOR...

WEEKLY HABIT TRACKER

M	T	W	T	F	S	S

HIGHLIGHT THIS WEEK

TO IMPROVE NEXT WEEK

NOTES

MONTH

Monday	Tuesday	Wednesday	Thursday	Friday	Saturday	Sunday

IMPORTANT DATES

MONTHLY HABIT TRACKER

1	2	3	4	5	6	7	8	9	10	11	12	13	14	15	16
17	18	19	20	21	22	23	24	25	26	27	28	29	30	31	
1	2	3	4	5	6	7	8	9	10	11	12	13	14	15	16
17	18	19	20	21	22	23	24	25	26	27	28	29	30	31	
1	2	3	4	5	6	7	8	9	10	11	12	13	14	15	16
17	18	19	20	21	22	23	24	25	26	27	28	29	30	31	
1	2	3	4	5	6	7	8	9	10	11	12	13	14	15	16
17	18	19	20	21	22	23	24	25	26	27	28	29	30	31	
1	2	3	4	5	6	7	8	9	10	11	12	13	14	15	16
17	18	19	20	21	22	23	24	25	26	27	28	29	30	31	
1	2	3	4	5	6	7	8	9	10	11	12	13	14	15	16
17	18	19	20	21	22	23	24	25	26	27	28	29	30	31	
1	2	3	4	5	6	7	8	9	10	11	12	13	14	15	16
17	18	19	20	21	22	23	24	25	26	27	28	29	30	31	
1	2	3	4	5	6	7	8	9	10	11	12	13	14	15	16
17	18	19	20	21	22	23	24	25	26	27	28	29	30	31	

DATE

PRIORITIES

MY MOTIVATION

Notes

I AM GREATFUL FOR...

WEEKLY HABIT TRACKER

M	T	W	T	F	S	S

HIGHLIGHT THIS WEEK

TO IMPROVE NEXT WEEK

DATE

PRIORITIES

MY MOTIVATION

Notes

I AM GREATFUL FOR...

WEEKLY HABIT TRACKER

M	T	W	T	F	S	S

HIGHLIGHT THIS WEEK

TO IMPROVE NEXT WEEK

DATE

PRIORITIES

MY MOTIVATION

Notes

I AM GREATFUL FOR...

WEEKLY HABIT TRACKER

M	T	W	T	F	S	S

HIGHLIGHT THIS WEEK

TO IMPROVE NEXT WEEK

DATE

PRIORITIES

MY MOTIVATION

Notes

I AM GREATFUL FOR...

WEEKLY HABIT TRACKER

M	T	W	T	F	S	S

HIGHLIGHT THIS WEEK

TO IMPROVE NEXT WEEK

NOTES

MONTH

Monday	Tuesday	Wednesday	Thursday	Friday	Saturday	Sunday

IMPORTANT DATES

MONTHLY HABIT TRACKER

	1	2	3	4	5	6	7	8	9	10	11	12	13	14	15	16
	17	18	19	20	21	22	23	24	25	26	27	28	29	30	31	
	1	2	3	4	5	6	7	8	9	10	11	12	13	14	15	16
	17	18	19	20	21	22	23	24	25	26	27	28	29	30	31	
	1	2	3	4	5	6	7	8	9	10	11	12	13	14	15	16
	17	18	19	20	21	22	23	24	25	26	27	28	29	30	31	
	1	2	3	4	5	6	7	8	9	10	11	12	13	14	15	16
	17	18	19	20	21	22	23	24	25	26	27	28	29	30	31	
	1	2	3	4	5	6	7	8	9	10	11	12	13	14	15	16
	17	18	19	20	21	22	23	24	25	26	27	28	29	30	31	
	1	2	3	4	5	6	7	8	9	10	11	12	13	14	15	16
	17	18	19	20	21	22	23	24	25	26	27	28	29	30	31	
	1	2	3	4	5	6	7	8	9	10	11	12	13	14	15	16
	17	18	19	20	21	22	23	24	25	26	27	28	29	30	31	
	1	2	3	4	5	6	7	8	9	10	11	12	13	14	15	16
	17	18	19	20	21	22	23	24	25	26	27	28	29	30	31	

DATE

PRIORITIES

☆ ______________________

☆ ______________________

☆ ______________________

MY MOTIVATION

Notes

I AM GREATFUL FOR...

WEEKLY HABIT TRACKER

M	T	W	T	F	S	S

HIGHLIGHT THIS WEEK

TO IMPROVE NEXT WEEK

DATE

PRIORITIES

MY MOTIVATION

Notes

I AM GREATFUL FOR...

WEEKLY HABIT TRACKER

M	T	W	T	F	S	S

HIGHLIGHT THIS WEEK

TO IMPROVE NEXT WEEK

DATE

PRIORITIES

MY MOTIVATION

Notes

I AM GREATFUL FOR...

WEEKLY HABIT TRACKER

M	T	W	T	F	S	S

HIGHLIGHT THIS WEEK

TO IMPROVE NEXT WEEK

DATE

PRIORITIES

MY MOTIVATION

Notes

I AM GREATFUL FOR...

WEEKLY HABIT TRACKER

M	T	W	T	F	S	S

HIGHLIGHT THIS WEEK

TO IMPROVE NEXT WEEK

NOTES

NOTES

NOTES

NOTES

IMPRESSUM

Feedback:
feedback@mertens-publication.de

1. Auflage
2018 Mertens Verlagsgruppe
Mertens Ventures Ltd.
Tefkrou Anthia No 2 Office 301
6045 Larnaca
Zypern
E-Mail: kontakt@mertens-publication.de